El flautista de Hamelín

Hace mucho, muchísimo tiempo, en la próspera ciudad de Hamelín, sucedió algo muy extraño: una mañana, cuando sus gordos y satisfechos habitantes salieron de sus casas, encontraron las calles invadidas por miles de ratones que merodeaban por todas partes, devorando, insaciables, el grano de sus repletos graneros y la comida de sus bien provistas despensas.

Nadie acertaba a comprender la causa de tal invasión, y lo que era aún peor, nadie sabía que hacer para acabar con tan inquietante plaga.

Por más que pretendían exterminarlos, o al menos ahuyentarlos, tal parecía que cada vez acudían más y más ratones a la ciudad. Tal era la cantidad de estos roedores que día tras día se enseñoreaban de las calles y de las casas, que hasta los mismos gatos huían asustados.

Ante la gravedad de la situación, los prohombres de la ciudad, que veían peligrar sus riquezas por la voracidad de los ratones, convocaron al Consejo y dijeron: «Daremos cien monedas de oro a quien nos libre de los ratones».

Al poco se presentó ante ellos un flautista taciturno, alto y desgarbado, a quien nadie había visto antes, y les dijo: «La recompensa será mía. Esta noche no quedará ni un solo ratón en Hamelín».

Dicho esto, comenzó a pasear por las calles y, mientras paseaba, tocaba con su flauta una maravillosa melodía que encantaba a los ratones, quienes saliendo de sus escondrijos seguían embelesados los pasos del flautista que tocaba incansable su flauta.

Y así, caminando y tocando, los llevó a un lugar muy lejano, tanto que desde allí ni siquiera se veían las murallas de la ciudad.

Por aquel lugar pasaba un caudaloso río donde, al intentar cruzarlo para seguir al flautista, todos los ratones perecieron ahogados.

Los hamelineses, al verse al fin libres de las voraces tropas de ratones, respiraron aliviados. Ya tranquilos y satisfechos, volvieron a sus prósperos negocios, y tan contentos estaban que organizaron una gran fiesta para celebrar el feliz desenlace, comiendo excelentes viandas y bailando hasta muy entrada la noche.

A la mañana siguiente, el flautista se presentó ante el Consejo y reclamó a los prohombres de la ciudad las cien monedas de oro prometidas como recompensa. Pero éstos, liberados ya de su problema y cegados por su avaricia, le contestaron: «¡Vete de nuestra ciudad! ¿O acaso crees que te pagaremos tanto oro por tan poca cosa como tocar la flauta?».

Y dicho esto, los orondos prohombres del Consejo de Hamelín le volvieron la espalda profiriendo grandes carcajadas.

Furioso por la avaricia y la ingratitud de los hamelineses, el flautista al igual que hiciera el día anterior, tocó una dulcísima melodía una y otra vez, insistentemente.

Pero esta vez no eran los ratones los que le seguían sino los niños de la ciudad, quienes, arrebatados por aquel sonido maravilloso, iban tras los pasos del extraño músico.

Cogidos de la mano y sonrientes formaban una gran hilera, sorda a los ruegos y gritos de sus padres que, en vano, entre sollozos de desesperación, intentaban impedir que siguieran al flautista.

Nada lograron y el flautista se los llevó lejos, muy lejos, tan lejos que nadie supo adónde, y los niños, al igual que los ratones nunca jamás volvieron.

En la ciudad sólo quedaron sus opulentos habitantes y sus bien repletos graneros y bien provistas despensas, protegidas por sus sólidas murallas y un inmenso manto de silencio y tristeza.

Y esto fue lo que sucedió hace muchos, muchos años, en esta desierta y vacía ciudad de Hamelín, donde, por más que busquéis, nunca encontraréis ni un ratón ni un niño.